ORESTE ET PILADE,

PARODIE,

RENOUVELÉE DE FAVART,

A PROPOS DE CLYTEMNESTRE,

PAR MM. FRANCIS ET ARMAND,

REPRÉSENTÉE POUR LA PREMIERE FOIS SUR LE THÉATRE DES VARIÉTÉS, LE 6 DÉCEMBRE 1822.

PRIX : 1 FRANC 50 CENT.

PARIS,

CHEZ J-N. BARBA, LIBRAIRE,

ÉDITEUR DES ŒUVRES DE MM. PIGAULT-LEBRUN, PICARD, ET ALEX. DUVAL,

PALAIS-ROYAL, DERRIÈRE LE THÉATRE FRANÇAIS, n°. 51.

1822.

PERSONNAGES.	ACTEURS.
IPHIGÉNIE, grande prêtresse de Diane	Mlle. FLORE.
ORESTE, frère d'Iphigénie	M. LEPEINTRE.
PILADE, ami d'Oreste.	M. POTIER.
THOAS, roi de Tauride.	M. CASOT.
PREMIÈRE PRÈTRESSE . . , ...	Mlle. MARIA.
DEUXIÈME PRÈTRESSE.	Mlle. IMAR.
UN SCYTHE.	M. FLEURI.
Prètresses.	
Scythes.	
Quatre Procureurs.	
Gardes et Soldats de Thoas.	
Grecs de la suite de Pilade.	

La scène est en Tauride.

IMPRIMERIE DE HOCQUET.

ORESTE ET PILADE,

PARODIE DE FAVART.

Le théatre représente un péristile ouvert de toutes parts. On voit la mer et le ciel à travers la colonnade du fond. La scène commence par une tempête; on voit, dans l'éloignement, un bateau à vapeur battu par les flots; il ne fait que traverser le théatre.

SCÈNE PREMIÈRE.

IPHIGÉNIE, LES PRETRESSES.

Les prêtresses entrent successivement pour se sauver de l'orage.

CHOEUR DES PRÊTRESSES.

AIR : *des Bossus.*

Il pleut, il grêle. Ah! grands dieux quels éclairs,
La foudre éclate, elle embrâse les airs,
Ah! de frayeur
J'ai le cœur
Tout transi.
Fuyons, fuyons, mettons-nous à l'abri.
Entrons au temple, on sera mieux qu'ici.

IPHIGÉNIE.

Non, non, j'ai mes raisons pour rester en ces lieux.
Implorez avec moi l'assistance des Dieux.

CHOEUR DES PRÊTRESSES.

Pendant la ritournelle de l'air, elles tirent chacune leur mouchoir en même temps.

AIR : *Ce mouchoir, belle Raimonde.*

Ciel! frappe dans ta furie
Tous les coupables humains!
Mais pour leur ôter la vie
Ne te sers pas de nos mains.

(Elles laissent tomber le bras gauche.)

Loin de nous que ta puissance
Des hommes guide les pas.

(Elles laissent tomber le bras droit.)

Nous vivrons dans l'innocence
Tant que nous n'en verrons pas.

(Au bis du dernier vers, elles lèvent toutes les bras en l'air.)

IPHIGÉNIE.

Ah Dieu ! pourquoi faut-il, barbares que nous sommes,
Contre nos intérêts, sacrifier les hommes ?
Devais-je me prêter à cette cruauté,
Moi qui, de si bon cœur, chéris l'humanité ?

PREMIÈRE PRÊTRESSE.

Madame, comme vous, nous en faisons de belles,
Et cependant Dieu sait si nous sommes cruelles.

IPHIGÉNIE.

Diane, devais-tu me transporter ainsi
Pour me faire jouer un pareil rôle ici ?
Un songe met le comble à ma douleur profonde !...
Je n'ai pas le cœur fait pour dépeupler le monde.

PREMIÈRE PRÊTRESSE.

Qu'avez-vous donc rêvé ?

IPHIGÉNIE.

J'en crains le résultat.

PREMIÈRE PRÊTRESSE.

Avez-vous rêvé pie ?

DEUXIÈME PRÊTRESSE.

Avez-vous rêvé chat ?

IPHIGÉNIE.

AIR *connu.*

J'étais dans mon lit tranquille,
Goûtant le repos
Dans l'oubli de mes maux,
Le doux souvenir d'Achille
M'offrait d'agréables tableaux.

AIR : *Ah ! c'cadet-là.*

Dans ce moment pour moi plein d'appas,
J'entends marcher à grands pas

LES PRÊTRESSES EFFRAYÉES.

Ah !

IPHIGÉNIE.

Et la frayeur m'ôtant jambes, bras,
Je m'enfonce dans mes draps.

TOUTES.

Ah !

IPHIGÉNIE.

AIR : *Quand l'amour naquit à Cythère.*

Je sens une odeur d'allumette,
Et mes rideaux sont déliés,
On a fait craquer ma couchette,
Quelqu'un me tire par les piés, (*bis.*)
J'entends une voix sépulchrale
Me crier plusieurs fois tout bas :
Vestale ! vestale ! vestale ! . . .
A ce nom je ne réponds pas.

PREMIÈRE PRÊTRESSE.

A votre place aussi, nous n'aurions pu répondre.

IPHIGÉNIE.

Je vous reconnais là.

DEUXIÈME PRÊTRESSE.

L'on ne peut se refondre.

IPHIGÉNIE.

Suite de l'air connu.

Mais tout-à-coup quelle horrible fracas,
La foudre éclate, elle ébranle la terre,
Le noir abîme est ouvert sous mes pas,
Je crois entendre les cris de Cerbère.
De ces lieux sombres
Sortent des ombres.

(*Aux prêtresses qui la serrent en tremblant.*)

Mais, mais, ne me serrez donc pas.

(*Elle continue.*)

Je vois mon père,
Je vois ma mère,
Je vois Mégère
Poursuivre mon frère.

AIR : *Il était une fille.*

Je vois un beau jeune homme
Plaintif, chargé de fers,
Je cours à lui les bras ouverts.
Hélas ! savez-vous comme
Je sers ce pauvre humain ?
Le poignard à la main,
Heim !

Chœur de Prêtresses.

AIR : *Ah ! quel scandale.*

Ah ! dieux ! quel songe abominable !
Et quel présage plein d'horreur !
Quelle action épouvantable !
Je meurs de peur, je meurs de peur.

1re PRÊTRESSE.

Tuer un jeune homme charmant !

IPHIGÉNIE.

Mes sœurs, ce n'était qu'en dormant.

Ensemble.

TOUTES.

C'est un crime, même en dormant. (*ter.*)

IPHIGÉNIE.

Oui, vraiment, c'était en dormant ;
Ah ! quel affreux pressentiment,
C'était mon frère assurément.

PREMIÈRE PRÊTRESSE.

Le Roi vient.

IPHIGÉNIE.

C'est Thoas, il a l'air furibond.
Taisons-nous devant lui, car il n'est pas trop bon.

SCENE II.

IPHIGENIE, LES PRETRESSES, THOAS, SCYTHES.

THOAS.

Partout j'entends gémir, la frayeur nous rassemble.
Si je viens vous trouver, c'est parce que je tremble,
Prêtresses.

IPHIGÉNIE.

A ce mal, vous êtes fort sujet.

THOAS.

C'est que le ciel m'en veut, et pourtant qu'ai-je fait ?
Sitôt qu'un étranger descend sur cette plage,
Je l'accueille fort bien, je lui fais bon visage ;
Et puis, pour obéir aux ordres du destin,
Je lui fais doucement passer le goût du pain.

IPHIGÉNIE.

Barbare!

THOAS.

Ecoutez donc, il y va de ma vie.
Un sorcier m'a prédit que par un voyageur,
Elle devait un jour, ici, m'être ravie.
Et je les expédie en tout bien, tout honneur.

IPHIGÉNIE.

De vos pressentimens le récit m'importune.

THOAS.

Que voulez-vous? je suis poltron comme la lune.

AIR : *Ah! dis-moi, toi-même, aujourd'hui.*

J'ai peur de nous tant que nous sommes,
J'ai peur de moi, de vous et d'eux;
J'ai peur des femmes et des hommes,
J'ai peur des diables et des dieux,
J'ai peur seul comme en compagnie,
De ma peur je ne puis guérir,
Et j'ai vraiment peur de mourir
De la peur de perdre la vie.

D'un péril aussi grand, comment me délivrer?

IPHIGÉNIE.

Je vous conseille, moi, de vous faire assurer.

SCENE III.

Les Mêmes, LE SCYTHE, *accourant avec le Peuple.*

LE SCYTHE, *arrive en dansant.*

AIR : *Gai, gai, gai.*

Et gai, gai, réjouissons-nous,
Car la fête
Est complète!
Et gai, gai, réjouissons-nous!
Rions comme des fous.

CHOEUR.

Et gai, gai, etc.

LE SCYTHE, *à Thoas.*

Des gens, par la tempête,
Sont jetés sur ce bord.

THOAS.

Vîte, qu'on les arrête,
Qu'on les mène à la mort.

CHOEUR.

Et gai, gai, etc.

THOAS, *à Iphigénie.*

Prêtresse qu'on renomme,
Prouvez qu'en pareil cas,
Quand vous tenez un homme,
Il n'en réchappe pas.

CHOEUR.

Et gai, gai, etc.

IPHIGÉNIE.

Quels sont ces étrangers ?

LE SCYTHE.

Deux mauvais garnemens.
L'un d'eux a l'air sournois, l'autre n'aime qu'à mordre;
On voit dans ses discours un esprit en désordre.
Je le crois querelleur, il fait à tous momens
Aux hommes, comme aux dieux, de vilains complimens,
Frappé par des serpens pour ses mauvaises œuvres.

IPHIGÉNIE.

Il avale, je crois, de fameuses couleuvres.

LE SCYTHE.

Il lance autour de lui des regards furieux,
Et s'écrie, en pleurant : hélas ! ma chère mère !

THOAS.

Allons, prêtresse, allons, il faut nous en défaire.

IPHIGÉNIE.

Sont-ils jeunes ?

LE SCYTHE.

Sans doute.

IPHIGENIE.

Et déjà malheureux !
Sont-ils beaux ? Sont-ils laids ?

LE SCYTHE.

Ils sont entre les deux.

THOAS, *à Iphigénie.*

Madame, assez causer, le ciel nous est propice:
De ces nouveaux captifs hâtez le sacrifice,
Et quand la mort aura....

IPHIGÉNIE.

Quoi donc?

THOAS.

Fermé les yeux,
Venez, par vos souris....

IPHIGÉNIE.

Quoi faire?

THOAS.

Orner ces lieux.

(*Les Scythes sortent sur l'air du Pas Redoublé.*)

IPHIGÉNIE.

AIR : *Mesdemoiselles, voulez-vous danser?*

Quel plaisir,
Je crois les tenir,
Gare aux hommes!
Car nous sommes
D'une humeur à tous les saisir,
Je n'en ai jamais fait languir.
Quel plaisir, etc.

(*Elles sortent en dansant.*)

SCÈNE IV.

THOAS, ORESTE, PILADE, LE SCYTHE, LES SCYTHES.

On amène Oreste et Pilade enchaînés avec des serviettes. L'orchestre joue l'air de la marche des sauvages.

LE SCYTHE.

Voici les deux champions.

THOAS.

Ils vont, ou que je meure,
Passer, dans la minute, un bien mauvais quart-d'heure.

AIR : *Allemande de Nicolas.*

Quel air audacieux !
A leurs yeux
Je les crois furieux,
Que veniez-vous, tous deux,
Chercher dans les états
de Thoas.

PILADE.

C'est le secret des dieux,
Tu ne le sauras pas.

THOAS, *à Pilade.*

Quel discours arrogant,
Insolent,
Parlez plus poliment,
Tu te moques de moi,
Je fais loi.

PILADE.

Et bien tant pis pour toi.

THOAS.

Ah ! tremblez, malheureux !

PILADE.

Nous bravons le trépas.

THOAS.

En ce cas,
Dès aujourd'hui tous deux
Vous sauterez le pas.
Tu me braves, je crois. Eh bien, pour commencer...

PILADE.

Finis quand tu voudras, tu me vois impassible.

THOAS, *à Pilade.*

C'est toi qui, le premier, ici, vas la danser.

PILADE.

Sur quel air, s'il vous plaît ?

THOAS.

Sur l'air : Femme sensible.

Entends-tu, mon ami; au Temple je me rends ;
Hâtez-vous, croyez-moi, d'écrire à vos parens.

AIR : *Connu*

On va leur percer le flanc,
En flin flanc ran tan plan tire lire en plan,
On va leur percer le flanc,
Ah ! que nous allons rire.

LE SCYTHE, *sérieusement.*

Ah ! que nous allons rire !
Ran tan plan tire lire.

THOAS.

Donnons leur en attendant,
En plein, plan, rantan plan,
Tire lire en plan,
Un joli morceau de flan
Avant de les occire.

LE SCYTHE.

Avant de les occire,
(*Il leur présente deux parts de flan.*)
Rantan plan tire tire lire.

PILADE, *à Oreste.*

Puisqu'il nous donnent du flan,
En flin, flanc, ran, tan plan, tire lire en plan,
Il faut leur prêter le flanc
Et manger sans rien dire.

ORESTE et PILADE.

Oui, mangeons sans rien dire.

PILADE, *à Oreste.*

Le flan n'est pas pour rire.

THOAS, *aux Scythes.*

Nous partons par chaque flanc
En flin, flanc, ran, tan plan tire lire, en plan
Et laissons-les sur le flanc
Raconter leur martyre.

CHOEUR.

Raconter leur martyre,
Ran tan, plan, tire lire, etc.

(*Ils font des évolutions autour d'Oreste et Pilade, et sortent.*)

SCENE V.

ORESTE, PILADE,

Oreste s'avance tristement, Pilade le suit à une certaine distance, en l'observant avec pitié.

ORESTE, *à part.*

Je deviens furieux, destin, quand je te nomme,
Tu ne fais qu'un coquin, souvent, d'un honnête homme.

Mon exemple en fournit une affreuse leçon,
Je suis un misérable, et suis né bon garçon;
Je suis doux, et souvent je me mets en colère;
J'adore mes parens, et j'ai battu ma mère;
Je cours les champs, portant dans mon cœur le remords,
Et je rencontre un chien enragé qui me mord;
Je le deviens moi-même, et répands l'épouvante.
Pilade, d'une humeur sensible et complaisante,
Veut bien m'aimer, malgré ce petit défaut là;
Mais les destins maudits n'approuvent pas cela.
Par l'ordre d'Apollon, je viens sur ce rivage,
Je traverse les mers pour avoir une image,
Mon ami, sans prévoir l'état où nous voilà,
Par intérêt pour moi veut être du voyage;
Il me suit, nous trouvons la mort en arrivant;
Mon infortune, ô ciel! t'amuse trop souvent.

PILADE.

Toujours triste et pensif, tu parles sans rien dire.

ORESTE.

C'est peu que sous mes coups ma chère mère expire,
Je t'ai donné la mort.

PILADE.

Mais je me porte bien.

ORESTE.

Mais nous allons mourir.

PILADE.

Tant mieux. (*il chante.*) La mort n'est rien,

C'est notre dernière heure.

Ensemble.

C'est notre dernière heure.

(*Ils tirent chacun leur montre.*)

PILADE.

J'avance un peu, je crois.

ORESTE.

Non, c'est moi qui retarde.

PILADE.

Ne nous amusons pas, mon cher, à la moutarde.
Nos instans sont comptés, ah! quel sort plus heureux!
Ensemble nous allons trépasser tous les deux.

AIR *de la Fête du village voisin.*

Mon cher Oreste, ah! pour nous quelle fête,
Un roi cruel va nous faire périr,
Conçois-tu bien le plaisir de mourir,
Ah! c'est pour en perdre la tête;
En apprenant ça,
Moi, je vois déjà
Tous nos héritiers se mettre en goguette.
Quoi Pilade est mort!
Oreste est donc mort!
Ah! quel coup du sort!
Ouvrons leur coffre fort;
Et puis les flons flons,
Les zigs zags et dons dons
Et puis les glous glous
D'un vin qui fut à nous.

(*Ils reprennent ensemble le refrain.*)

ORESTE.

Même air.

Se peut-il bien ?.. je n'ose encore y croire,
Ce vieux Caron, ce farouche Pluton,
Je m'envais donc les voir pour tout de bon;
Quel plaisir! surtout quelle gloire!
Avec les démons
Quoi! nous trinquerons,
Oui, nous sablerons
A grands flots l'onde noire;
Chantez, vieux Minos,
Dansez, Atropos,
Valsez, Alecton
Aux bords du Phlégéton,
Puis les rigaudons,
Les flic flac des démons
Et puis les charmans
Sifflemens
Des serpens.

(*Ils reprennent ensemble le refrain, en dansant.*)

PILADE, *tandis qu'Oreste danse.*

Courons mourir pour lui, puisqu'il est en cadence ;
Il a le diable au corps, et le cœur à la danse.

(*Il sort en dansant, et en chantant le refrain.*)

SCENE VI.

ORESTE, *seul.*

(*Il se retourne, et voit Pilade qui sort.*)

Pilade ! il est bien loin ; où vas-tu, cher Pilade ?
Hélas ! s'il n'en meurt pas, il en sera malade.

(*furieux.*)

Qu'on nous mette tous deux dans le même tombeau,
Cela coûtera moins, et sera bien plus beau.
En nous serrant un peu, nous y serons à l'aise.
Mais quel calme soudain ? Sur cette longue chaise
Si je faisais un somme ? Au desir de mourir,
Succède doucement le besoin de dormir.

AIR *de la Somnambule.*

Fesons dodo sur ce sopha,
Car tout exprès on l'a mis là,
Un songe heureux me bercera.
Plus de remords,
Je suis bien gentil quand je dors.

(*Il s'endort.*)

SCÊNE V I.

ORESTE, *endormi, quatre diables en robe de procureur et tenant dans leurs griffes des rats de cave.*

Ils arrivent sur un fragment de l'ouverture d'Iphigénie.

ORESTE.

Mais quels sont ces démons qui doublent mes terreurs ?
Quelles griffes ! Grands dieux ! ce sont des procureurs

LES QUATRE PROCUREURS.

Fragment de l'air des Tentations

Sans façon,
Tourmentons ce garçon,
Puisqu'il dort
Il sera le moins fort;
Donnons-lui pour prix de ses méfaits
Des soufflets
Et des camouflets,
Paix.

ORESTE, *se débattant.*

Messieurs les démons, laissez-moi donc.

LES PROCUREURS.

Non, point de pardon,
Tu gémiras,
Tu souffriras.

ORESTE.

Messieurs les démons, laissez-moi donc.

LES PROCUREURS.

Non, point de pardon,
Jusqu'au trépas
Suivons ses pas....

AIR : *Caron t'appelle.*

Il a battu sa mère, (*bis.*)
Fi, fi, le mauvais fils,
Voilà pour tes profits.

(*Les procureurs disparaissent et Iphigénie arrive.*)

SCENE VIII.

ORESTE, IPHIGÉNIE.

ORESTE, *se réveillant en sursaut.*

Ma mère !

IPHIGÉNIE.

Plût au ciel ! vous voyez la prêtresse
Qui va vous immoler, mais avec politesse.

(*Ils descendent la scène, et se regardent.*)

AIR :

(*à part.*) O ciel ! ô ciel ! dois-je en croire mon cœur.

ORESTE.

(*à part.*) O ciel ! ô ciel ! n'est-ce point une erreur ?
Est-ce ma sœur ?

IPHIGÉNIE.

Est-ce mon frère, (*bis.*)

ORESTE.

Est-ce ma sœur?
Voilà bien les beaux yeux de ma mère.

IPHIGÉNIE.

Voilà bien le grand nez de mon père,
Voilà bien son air de fureur.

ORESTE.

Voilà ses traits pleins de candeur.

IPHIGÉNIE.

Parlez, vous êtes Grec, si j'en crois vos habits?

ORESTE.

Oui, je suis un peu Grec.

IPHIGÉNIE.

Vous êtes un pays?
Qu'y dit-on de nouveau? Quelle est la mode? Ecoute.
Que fait Agamemnon?

ORESTE, *furieux*.

Agamemnon!

IPHIGÉNIE.

Sans doute.

ORESTE.

Un perfide assassin . . .

IPHIGÉNIE.

L'horreur glace mes sens.
Quel monstre a fait ce coup?

ORESTE.

Hélas! sa chère femme.

IPHIGÉNIE.

Clytemnestre!

ORESTE.

Elle-même.

IPHIGÉNIE.

Ah! vous me percez l'ame!

ORESTE.

On peut, quand on est belle, avoir quelques galans,
Mais tuer les maris, ils sont si bonnes gens.

IPHIGÉNIE.

Electre ?

ORESTE.

Est à Mycène à pleurer sa misère.

IPHIGÉNIE.

Oreste ?

ORESTE.

Oreste, ô ciel ! quel horrible destin !
Madame, il s'est conduit fort mal avec sa mère.

IPHIGÉNIE.

Qu'a-t-il donc fait ?

ORESTE.

Madame, il a vengé son père.

IPHIGÉNIE.

Contez-moi donc cela ; tout nouveau, tout est beau.

ORESTE.

Cela peut être beau, mais ça n'est pas nouveau.

AIR : *Pon, pon, pon.*

Or, voici le fait.
C'est un affreux forfait,
Celui qui l'a fait
Convient tout haut du fait,
Il en est défait,
Pâle et stupéfait,
Et tout cela fait
Un effet
Parfait.
Depuis vingt ans
Guéri du mal de dents,
Agamemnon,
Habitait chez Pluton,
Et sa moitié,
Qui le fit d'amitié,
Filait nuit et jour
Le parfait amour.
Electre, bien courroucée,
Pleurant, criant, et cætera,
Logeait au rez-de-chaussée
Dans le tombeau de son papa.

Oreste arrive. Il débarque en colère,
On l'empêche de frapper,
En lui disant : quand on venge son père,
On risque de se tromper.
Ah ! ah ! ah ! ah !
Mais, Oreste, déjà
A reconnu sa sœur,
Sa mère et l'oppresseur,
Ses amis, son palais
Qui ne sont pas laids,
Tout près d'un tombeau,
Qui n'est pas beau,
Oh ! oh ! oh !oh !
Egiste, vient après.
On lui dit exprès
Qu'Oreste est ad patres.
On lui montre aussitôt
Ses cendres en pot,
On fait au nigaud
Fagot sur fagot.
Mais il découvre l'embuche ;
C'est envain qu'on s'en défend,
Egiste, dans cette cruche,
A reconnu son enfant.
Quel mauvais tour!.. Pilade, en cette crise,
Se dit Oreste... A l'instant,
Oreste crie : ah ! j'ai fait la bêtise,
Dis : suis-je Oreste à présent !
Bien, bien, bien, bien,
De ces deux gens de bien,
Le meilleur ne vaut rien.
Que ces deux vagabonds,
Qui sont des furibonds,
Et m'ont pris pour un sot,
Ne fassent qu'un saut
Dans un cachot.
Chaud, chaud, chaud, chaud,
Je ne suis pas manchot,
Tandis que c'est tout chaud,
Demain matin il faut
Qu'on leur fasse en ces lieux
Subir à tous deux
Un supplice affreux
En attendant mieux.
Clytemnestre, on ne sait comme
Sauve Oreste en tapinois,
Qui lui dit: tuez votre homme.
— Non, c'est bon pour une fois.

Au nom des dieux, rendez-moi ce service.
— Je ne le puis. Ah! quel refus!
De votre main que votre amant périsse.
— C'est mon mari!... raison de plus!
Non, non, non, non.
Ce non
N'a pas de nom!
Le fils d'Agamemnon
Part prompt comme l'éclair
Quoi qu'il fasse peu clair.
Et son fer tirant,
Abat le tyran
Qu'il laisse expirant.
Pan, pan, pan, pan,
De tout coté frappant
Ce mauvais chenapan,
Au nom de son papa rosse sa maman,
Et veut après ce coup
Se tordre le cou,
Ce qui plaît beaucoup!
Ah! le beau coup!

IPHIGÉNIE.

Ce garçon-là doit faire une mauvaise fin.
Que cherche-t-il?

ORESTE.

La mort, qu'il a trouvée, enfin.

IPHIGÉNIE.

Oreste est mort, c'est clair, tout me le persuade.

ORESTE, *à part.*

Mais je ne pensais plus à mon ami Pilade.
Le voici.

SCÈNE IX.

Les Memes, PILADE.

ORESTE, *courant à Pilade*

Mon ami, tu n'es pas encor mort?

PILADE.

Je crois que non.

IPHIGÉNIE, *salue Pilade.*

Je tiens dans mes mains votre sort...
Mais nous sommes tous trois de la même patrie.

PILADE.

Quoi, des mains d'une Grecque il faut perdre la vie?

IPHIGÉNIE.

AIR *connu.*

On m'en fait une loi.

PILADE.

Ah! quelle barbarie!

IPHIGÉNIE.

Mais c'est bien malgré moi,
Je vous le certifie.

PILADE.

A votre âge, ma chère,
Quand on sait bien agir,
On ne doit jamais faire
Mourir que de plaisir.

IPHIGÉNIE.

Je voudrais, tous les deux, vous garder, mais hélas!
Je n'en puis sauver qu'un.

ORESTE.

Ça n'en vaut pas la peine.

IPHIGÉNIE, *à Oreste.*

Pourtant, si c'était vous?

ORESTE.

Moi, je veux le trépas.

PILADE.

Et moi, je veux la mort.

IPHIGÉNIE.

Quel courroux vous entraîne?
Qu'un de vous deux s'échappe, et parte pour Mycène.

ORESTE.

AIR : *Nous nous verrons demain.*

Tu partiras, ami.

PILADE.

Non, c'est toi, je le jure.

ORESTE.

Moi, je le jure aussi

Tu partiras d'ici.

IPHIGÉNIE.

Eh! quoi jurer ainsi!
Serait-ce une gageure?

ORESTE *et* PILADE.

Mon ami partira,
Il partira,
C'est moi qui périra
Ah! ah! ah! ah!
C'est moi qui périra.

ORESTE.

Profite du moment, pars vîte, mon garçon.

PILADE.

C'est moi qui dois mourir, d'une ou d'autre façon.

ORESTE.

Ah! ne l'écoutez pas; regardez-le, prêtresse.

PILADE.

Moi, j'ai fait pour toujours mes adieux à la Grèce.

ORESTE, *à Pilade.*

Si tu ne cèdes pas, je vais me déclarer,
Et dire qui je suis.

PILADE.

Ah! ne sois pas si bête.
Cela gâterait tout.

ORESTE.

Non, non, je veux....

PILADE.

Arrête.

(*à Iphigénie.*)

Excusez un esprit trop prompt à s'égarer.

IPHIGÉNIE, *tirant une grande lettre de son sein.*

Qui donc se chargera de porter cette lettre?

ORESTE.

Madame, à mon ami vous pouvez la remettre;
Qu'il vive, ou je m'étrangle à l'instant devant vous.

IPHIGÉNIE.

Allons, il serait mal de disputer des goûts.

(*à Pilade.*)
Je tiens à le sauver.

PILADE.

Je vous en remercie.

IPHIGÉNIE, *à Pilade.*

Qu'il sorte de ces lieux sans bruit et sans témoins,
Ensuite, mon enfant, vous aurez tous mes soins.
(*elle remet la lettre à Pilade, et sort.*)

SCENE X.

ORESTE, PILADE.

PILADE.

Ainsi nous voilà donc aux petits soins ensemble.

ORESTE, *d'un air courroucé.*

M'aimes-tu?

PILADE.

Quand tu dis que tu m'aimes, je tremble.
La prêtresse, au contraire, au lieu de menacer,
En m'annonçant la mort, semble me caresser.

ORESTE.

Parle donc, je te trouve un plaisant personnage,
De prétendre mourir.

PILADE.

Ce n'est pas mon usage.

ORESTE.

Je t'ai toujours connu pour un ambitieux.

PILADE.

Je veux rendre en mourant mon nom plus glorieux.
Car je suis un gaillard à la gloire sensible,
Mais je t'aime, et voudrais, s'il était bien possible,
Tout-à-l'heure te voir à l'autel attaché.
Va, je te céderais ma place à bon marché.

ORESTE, *furieux.*

Tu m'aimes, oh! j'en prends tous les dieux pour arbitres,
Tu veux être immolé, parle quels sont tes titres?

As-tu dix fois par jour le transport au cerveau?
Tout l'univers, pour toi, devient-il un tombeau?
As-tu jamais rossé personne dans ta vie?
Des spectres viennent-ils te tenir compagnie?
Es-tu donc, comme Oreste, insensé, forcené?
Et vois-tu sur tes pas tout l'enfer déchaîné?

PILADE.

On ne saurait avoir tous les biens en ce monde.

ORESTE.

Et dis-moi donc sur quoi ta vanité se fonde?

(*Avec fureur.*)

Ne sais-tu pas qu'Oreste est furieux?
Ne sais-tu pas jusqu'où va sa misère?
Ne sais-tu pas qu'il insulte les Dieux?
Ne sais-tu pas qu'il a battu sa mère?

(*Avec sentiment.*)

Est-ce à toi de mourir?

PILADE.

Mot sublime et charmant!
Qui ne me fera pas changer de sentiment.

ORESTE et PILADE.

AIR *de Malborough.*

La mort qu'on te prépare
C'est à moi qu'on la doit, (*bis.*)
Et tu voudrais, barbare,
Me faire un passe droit. (*bis.*)
Le jour, le jour m'ennuie,
Va, tu ne m'aimes pas.

(*Ils se mettent à genoux.*)

AIR *connu.*

Au doux nom de l'amitié
Pilade / Oreste t'en supplie (*bis.*)

Au doux nom de l'amitié
Par le nœud qui nous lie
J'implore ta pitié
Au doux nom (*bis*) de l'amitié.

ORESTE, *tenant Pilade embrassé.*

Tableau touchant et rare, en ce moment si tendre,
Je sens....
(*Il se lève furieux.*)
Que mon accès de rage va me prendre.

PILADE, *se sauvant.*

Sauve qui peut.

ORESTE.

Je vois tout l'enfer sous mes pas.

PILADE, *dans le fond.*

La belle vue!

ORESTE.

O ciel! je sens entre mes bras
Un serpent venimeux qui me pique et me glace.
Quelle femme, grands Dieux! me fait donc la grimace?

PILADE.

Tu lui rends bien.

ORESTE.

Un spectre est là pour l'appuyer;
C'est Egyste, c'est lui qui lui sert d'écuyer.
Mais quel objet hideux m'embarrasse et m'arrête?
Il gémit.... ah! qu'il a de cornes à la tête!
Dieux! c'est Agamemnon!

PILADE.

Il n'est donc pas changé?

ORESTE.

Dans quel nouveau malheur me trouvai-je plongé?
O désespoir! je suis accablé par Pilade,
Il me fuit.

PILADE.

Point du tout, me voici, camarade.

ORESTE.

Je n'avais qu'un ami, qu'un seul, je l'ai perdu.

PILADE.

Je suis ici.

ORESTE.

Viens donc.

PILADE, *se rapprochant un peu.*

Je crains d'être mordu.

(Oreste lui tend les bras.)

PILADE, *revenant.*

Et l on revient toujours
A ses premières amours.

ORESTE.

Ne diffère donc plus.... va porter cette lettre.
Fais bien mes complimens à ma petite sœur,
Et pour la consoler, apprends-lui mon malheur.

PILADE.

Tu le veux, j'obéis; mais tu vas me connaître.

ORESTE.

Je te connais assez.

PILADE.

Moi, je te connais trop.
Je m'en vais ventre à terre, et reviens au galop.

ORESTE.

Ne te presse pas tant.

PILADE, *vivement.*

Oreste, je t'en prie,
Tâche qu'à mon retour tu sois encore en vie.
Je reviendrai bientôt pour te tirer de là.
Point de bétise, ami, je ne te dis que ça.

(Il sort.)

SCÈNE XI.

ORESTE, IPHIGENIE, *Prêtresses.*

(Les prêtresses apportent un petit autel, qu'elles posent au milieu de la scène.)

CHOEUR DES PRÊTRESSES, *en arrivant.*

AIR *de Trajan.*

Qu'il périsse à l'instant
L'imprudent,
Qui dans ces climats
Porta ses pas;

Quel dommage, il est vraiment
Charmant,
Ah! quel ennui,
Surtout pour lui!

ORESTE.

Madame, il faut songer à la cérémonie,
Vous me faites languir.

IPHIGÉNIE.

Ce jeune homme s'ennuie;
Eh bien, puisqu'il le faut, qu'on le mène à l'autel.

ORESTE.

Dieu! je respire enfin.

IPHIGÉNIE.

Donnons le coup mortel.

(Elle prend le glaive.)

ORESTE.

Ah! dans l'Aulide ainsi je perdis une amie,
Et je vais retrouver ma sœur Iphigénie.

IPHIGÉNIE.

Iphigénie! ô ciel! l'ai-je bien entendu?

(Elle reste le bras en l'air.)

ORESTE.

Pourquoi donc votre bras reste-t-il suspendu?

IPHIGÉNIE.

Dites-moi donc, par hasard, n'êtes-vous pas Oreste?

ORESTE.

Oreste! Qui m'appèle?... Je le suis que de reste,
Madame, frappez donc.

IPHIGÉNIE.

En aurais-je le cœur?
Oreste, mon cher frère! ah! reconnais ta sœur!

ORESTE.

Ma sœur....

IPHIGÉNIE.

Qui donc es-tu, si tu n'es pas mon frère?

ORESTE.

Vous, Iphigénie!

IPHIGÉNIE.

Oui.

ORESTE.

Cela ne se peut guère.
Elle fut immolée.

IPHIGÉNIE.

Ah! non! pas tout-à-fait,
Un galant m'enleva.

ORESTE.

C'est bien fort!

IPHIGÉNIE

C'est un fait,
Ma parole d'honneur.

ORESTE.

Ton acte de naissance?

IPHIGÉNIE, *le tire de son sac, et le lui donne.*

Voilà ce qui s'appelle une reconnaissance.

AIR : *Ciel! c'est Blondel.*

Eh quoi!
C'est toi?

ORESTE.

Eh quoi!
C'est toi?

Ensemble.

Oui, c'est moi, (*bis.*)
Quoi, c'est nous,
C'est bien doux,
Et vîte, vîte, (*bis.*)
Et vîte embrassons-nous.

(*Ils s'embrassent.*)

IPHIGÉNIE.

Que vois-je? c'est Thoas, redoutons son courroux.
Ah! cache-toi, mon frère.

ORESTE.

Où donc ?

IPHIGÉNIE, *montrant une des plus petites Prêtresses.*

Derrière vous.

SCENE XII.

Les Précédens, THOAS, SCYTHES.

THOAS.

Ah! ah! vous voilà donc, prêtresse dégourdie;
Vraiment, votre conduite est tout-à-fait jolie.

AIR : *Sur le Pont d'Avignon.*

Au lieu de les tuer, vous conservez les hommes.

IPHIGÉNIE.

Hélas! dans mon pays, voilà comme nous sommes.

THOAS.

De tout votre manége on m'a fort bien instruit:
Je sais qu'un des captifs s'est échappé sans bruit.

IPHIGÉNIE.

Tu pouvais l'empêcher; mais chez toi tu demeures,
Pourquoi faire, dis-moi?

THOAS.

J'ai dormi vingt-quatre heures.
Mais que l'autre étranger périsse sans tarder,
Ou moi-même, à l'instant, je vais te poignarder.

ORESTE, *se montrant.*

Poignarder qui, ma sœur?

IPHIGÉNIE.

Apprends qu'il est mon frère.

THOAS.

Et quand cela serait, il ne m'importe guère;
Frappe, ou je vais...

IPHIGÉNIE.

O ciel! qu'oses-tu commander?

ORESTE.

Tu n'es qu'un plat... tyran, dont la fureur oisive
Joint à l'emportement une action tardive,
Tu menaces toujours, sans rien effectuer.
Dis, pourquoi reviens-tu?

IPHIGÉNIE.

Pour se faire tuer.

SCENE XIII.

Les Mêmes, PILADE, *Compagnons.*

PILADE. *Il arrive armé d'une fourche et d'un poignard en fer blanc; ses compagnons sont armés de bèches, de broches, de rateaux, etc. En entrant, il frappe Thoas avec son poignard, qui rentre dans le manche.*

Parbleu! j'arrive à point.

THOAS, *le repoussant.*

Tu reviendras Dimanche,
Car les poignards, chez nous, rentrent tous dans le manche.
Voyons, entendons-nous.

PILADE.

Non, tu seras occis.

THOAS.

Oh! que non.

PILADE.

Oh! que si.

THOAS, *voulant s'enfuir.*

Dieux! quels cœurs endurcis!

PILADE, *lui barrant le chemin.*

Ne crois pas échapper, ton espérance est vaine.

IPHIGÉNIE.

Ah! ne le tuez pas, il n'en vaut pas la peine.

THOAS, *ayant la tête prise dans la fourche de Pilade.*

Au fait, que voulez-vous? on peut être d'accord.

PILADE.

Nous venger, te punir; bref, en deux mots, ta mort.

THOAS.

Puis après ?

PILADE.

De Diane emporter la statue.

THOAS.

Emportez, pour cela, faut-il que l'on me tue ?
Puis après ?

PILADE.

Enlever les prêtresses d'ici.

THOAS.

Eh ! parbleu, j'en suis las, enlevez-les aussi.

PILADE.

Voilà parler... allons, il faut que chacun vive.
(*Aux Prêtresses.*)
Mesdames, nous partons ; qui nous aime, nous suive.

CHOEUR DE FEMMES.

AIR : *Connu.*

Et fric, et fric, et fric, et froc,
Cédons du premier choc,
Quand on veut servir les dieux
On les sert mieux deux à deux.

PILADE, *aux Prêtresses.*

Vous serviez une déesse
Dont la fureur vengeresse
Voulait tous nous immoler.
Maintenant, jeunes novices,
A de plus doux sacrifices
Nous allons vous appeler.

CHOEUR GÉNÉRAL.

Et fric, et fric, et fric, et froc,
Cédons au premier choc, etc.

PILADE.

Je n'ai plus rien, je crois, à dire à la beauté.
A présent, mon ami, comment va la santé ?

ORESTE.

Mais ça ne va pas mal, ma tête se nettoie,
Nous n'exciterons plus que des larmes de joie ;
Et quant à vous, Thoas...

THOAS.

Je vous ai fait bien peur.

PILADE.

Vous pouvez vous vanter d'être un fameux farceur.

ORESTE, *à Pilade.*

Prends part à mon bonheur, embrasse Iphigénie.

IPHIGÉNIE.

Qu'il m'embrasse !...

ORESTE.

Oh ! que rien n'alarme ta pudeur,
Il connaît ta vertu, c'est Pilade, ma sœur.

PILADE.

Comment, c'est là ta sœur... elle est assez jolie,
Et faite pour l'amour.

ORESTE.

Ce mot est déplacé,
Ici, personne encor ne l'avait prononcé.

AIR : *Trempe ton pain, Marie.*

Sans un peu d'amour
Tout finirait en cette vie.

IPHIGÉNIE.

Oui, la nuit, le jour,
Moi, je suis pour
Un peu d'amour.

ORESTE.

Epouse Iphigénie.

PILADE.

Oh ! sans cérémonie.

IPHIGÉNIE.

Ça ne tient à rien,
Reçois mon cœur.

PILADE.

Reçois le mien,
Gage de tendresse,
Baiser, tappe, caresse,
Qu'entre nous, mon enfant,
Ce soit toujours donnant, donnant.

CHOEUR.

Sans un peu d'amour, etc.

VAUDEVILLE.

ORESTE ET PILADE.

AIR : *Vive la lithographie.*

Vous qui d'Oreste et Pilade
Dans vos mains tenez le sort,
Épargnez mon camarade,
A moi seul donnez la mort.

ORESTE.

Je suis, j'en conviens tout net,
Un assez mauvais sujet;
Mais puisqu'on court aux forçats,
On aime les scélérats.

PILADE.

En dépit de ma faiblesse
J'ose bannir tout effroi;
Les ennemis de la Grèce
Ne sauraient mordre sur moi.

ORESTE.

Mon air grotesque et brutal
Sent un peu le Carnaval.

PILADE.

Pour moi je ne me sens pas
De l'approche des jours gras.

ORESTE.

Un Oreste en son délire
Vient de se faire admirer,
Puissions-nous vous faire rire
Autant qu'il vous fit pleurer.

PILADE.

A chacun d'nous, par moitié,
Montrez un peu d'amitié;
Prouvez-nous que les amis
N'sont pas des Turcs à Paris.

ORESTE.

Excusez aussi l'audace
De nos auteurs aujourd'hui,
Car maintenant au parnasse
Chacun vit du bien d'autrui.

PILADE.

Oui, le vol est consacré
Au pinde, rien n'est sacré,
Et son vallon si joli
Est pis qu'la forêt d'Bondi.

ORESTE.

Les pillards vont de manière,
Que sans rien se reprocher,
Ils dépouilleraient Molière,
S'ils pouvaient en approcher.

CHOEUR.

Les pillards vont de manière, etc.

FIN.

www.ingramcontent.com/pod-product-compliance
Lightning Source LLC
LaVergne TN
LVHW052015160826
845678LV00003B/1064

* 9 7 8 2 3 2 9 6 5 3 5 4 9 *